Claudia Hofrichter / Elisabeth Färber

Wir feiern Kommunion

Herausgegeben im Auftrag des Instituts für Fort- und Weiterbildung der Kirchlichen Dienste, Diözese Rottenburg-Stuttgart

2. Auflage 2007

Umschlag: Kaselow Design, München
Umschlagmotive: Sibylle Wanders, Köln, und Petra Gieseler, Bondorf
Druck und Bindung: Kösel, Krugzell
Printed in Germany
ISBN 978-3-466-36746-7

www.koesel.de

Gedruckt auf umweltfreundlich hergestelltem *Bilderdruckpapier*
(säurefrei und chlorfrei gebleicht)

Claudia Hofrichter / Elisabeth Färber

Wir feiern Kommunion

Vorbereitungsbuch für Kinder

Kösel

Inhalt

Vom Morgen bis zum Abend –

Wenn ich am Morgen erwache

Wenn du am Morgen erwachst,
hörst du vielleicht die Vögel draußen zwitschern.
Wenn du am Morgen die Augen öffnest,
blinzeln dich durch das Fenster vielleicht Sonnenstrahlen an.
Wenn du am Morgen erwachst,
kannst du den neuen Tag begrüßen.
Gott schenkt den neuen Tag. Du kannst ihm dafür danken.

Du kannst den Tag mit dem Kreuzzeichen beginnen und dazu sprechen:
„Im Namen des Vaters und des Sohnes und des Heiligen Geistes. Amen."

Wenn es zwölf Uhr Mittag ist

Es tut gut, zwischendurch still zu werden und Atem zu holen.
Wenn zur Mitte des Tages die Kirchenglocken läuten,
kannst du einen Augenblick innehalten und beten:

„Wo ich gehe, wo ich stehe, bist du, guter Gott, bei mir.
Wenn ich dich auch niemals sehe, weiß ich immer: Du bist hier. Amen.“

Halte zu mir, guter Gott

Vom Abend bis zum Morgen

Wenn es Abend wird und der Tag sich neigt

Wenn es Abend wird,
öffne deine Hände wie zu einer Schale:
Sammle alle guten Gedanken und schönen Erfahrungen ein,
erinnere dich an die Menschen, denen du begegnet bist.
Denke auch an das, was dir schwergefallen ist, worüber du dich geärgert hast
oder wo du ungerecht warst.

Wenn der Tag sich neigt,
öffne deine Hände wie zu einer Schale und bete:

„Diesen Tag, Gott, habe ich von dir empfangen.
Nun gebe ich ihn dir zurück.
Ich bitte dich, zu verwandeln, was misslungen ist.
Ich danke dir für die Menschen und alles, was gut war.
Schenke mir eine ruhige Nacht und einen guten Schlaf.
Amen.“

Herr, bleibe bei uns

Viele Menschen kommen zusammen.
Große und kleine, alte und junge,
fröhliche und traurige.
Sie erzählen, singen und spielen.
Es ist schön, dabei zu sein.
Jesus lädt alle ein.

1 Du bist willkommen

Gesegnet sein für den Weg

Jesus wird zum Tempel gebracht und Gott gezeigt

Als acht Tage nach der Geburt vorüber waren, gaben Maria und Josef ihrem Kind den Namen Jesus, wie es der Engel Maria gesagt hatte, bevor das Kind im Leib der Mutter war.
Als vierzig Tage vergangen waren, wurde Jesus von seinen Eltern nach Jerusalem gebracht. Dort sollte er Gott gezeigt werden, denn es heißt im Gesetz Gottes: Jeder erstgeborene Sohn soll ganz Gott gehören und heilig genannt werden.
In Jerusalem lebte damals ein gerechter und frommer Mann mit dem Namen Simeon. Er war erfüllt vom Heiligen Geist und wartete mit Sehnsucht auf eine bessere Zeit für sein Volk Israel. Der Heilige Geist hatte ihm angekündigt, er werde noch vor seinem Tod mit eigenen Augen den Retter der Welt sehen. So kam er, geführt vom Geist Gottes, gerade in den Tempel von Jerusalem, als die Eltern Jesus hineinbrachten.

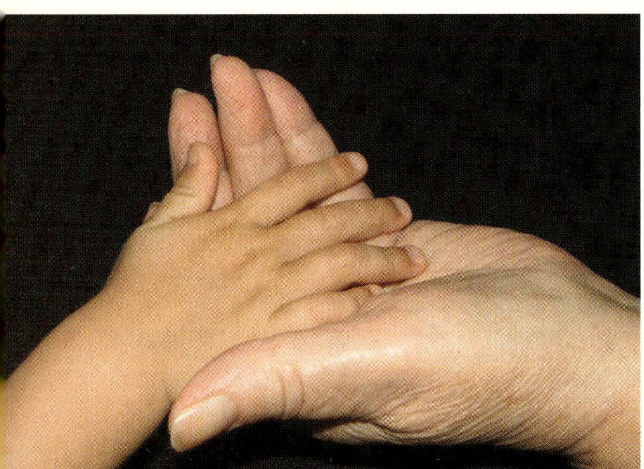

Da nahm Simeon das Kind in seine Arme und lobte Gott mit den Worten:

„Nun kannst du, mein Gott, mich in Frieden
aus dem Leben scheiden lassen,
denn meine Augen haben das Heil gesehen.
Ich sehe, wie durch dich Rettung kommt
vor den Augen aller Völker.
Du hast ein Licht angezündet für die Menschen der Welt,
eine Herrlichkeit bist du für dein Volk Israel."

Sein Vater und seine Mutter staunten über die Worte, die über Jesus gesagt wurden. Simeon segnete sie und sprach zu Maria: „Gott hat dieses Kind ausgewählt, damit sich die Israeliten entscheiden. Viele werden sich gegen ihn entscheiden. Für viele andere aber wird Jesus eine Stütze sein, an der sie sich aufrichten können. So werden die wahren Gedanken vieler Herzen sichtbar."
Auch die Prophetin Hanna, eine Witwe von vierundachtzig Jahren, die Tag und Nacht im Tempel lebte, fastete und betete, trat hinzu, stimmte ein Lied zum Lob Gottes an und erzählte von dem Kind zu allen, die auf die Befreiung Jerusalems warteten.
Nachdem die Eltern Jesu alles getan hatten, was das Gesetz Gottes vorschreibt, kehrten sie zurück nach Galiläa in ihre Stadt Nazaret. Das Kind wuchs heran, wurde klug und stark. Der Segen Gottes lag auf ihm.

Lukas 2,21-40

Wir feiern Gottesdienst

Sich versammeln

Die Kirchenglocken rufen uns zusammen. Der Gottesdienst beginnt mit feierlicher Musik. Dazu ziehen Priester, Ministranten und Ministrantinnen ein.

Begrüßung

Alle machen das Kreuzzeichen.
Der Priester spricht dabei:
„Im Namen des Vaters und des Sohnes und des Heiligen Geistes."
Wir antworten:
„Amen."
Bei der Begrüßung spricht der Priester:
„Der Herr sei mit euch."
Wir antworten:
„Und mit deinem Geiste."

Kyrie

Wir grüßen Jesus in unserer Mitte und verehren ihn.

Jesus Christus, du bist mitten unter uns.
Jesus Christus, dein Wort ist Licht auf unserm Weg.
Jesus Christus, du stärkst uns durch deine Nähe im Mahl.

Gloria

Wir loben und preisen Gott.
„Ehre sei Gott in der Höhe und Friede auf Erden den Menschen."

Tagesgebet

Im Tagesgebet danken wir Gott für seine Einladung und Nähe. Wir bitten ihn um ein gutes Miteinander in diesem Gottesdienst. Der Priester spricht dieses Gebet stellvertretend für die Gemeinde.

Brot teilen – Leben teilen

Jeden Tag etwas zu essen
und Menschen, mit denen ich mein Brot teilen kann.
Gott sei Dank!

Guter Gott,
segne dieses Brot.
Segne alle Menschen,
die mit uns auf der Erde leben.
Wir wollen dir danken
und das Miteinander-Teilen nicht vergessen.
Amen.

Ich entdecke meine Kirche

In die Kirche hineingehen

Kennst du die katholische Kirche an deinem Wohnort?
Dort gibt es vieles zu entdecken.
Jede Kirche sieht anders aus.
Lade deine Eltern oder deine Freunde und Freundinnen ein, mit dir in die Kirche zu gehen. Mehrere Augen sehen mehr.

Gehe aufmerksam den Weg zur Kirche.
Was siehst du zuerst von ihr?
Den Turm? Das Dach? Die großen Fenster? ...
Stelle dich vor den Haupteingang der Kirche.
Wie fühlt es sich an, wenn du vor der Kirche stehst?

Wenn der Platz vor der Kirche groß genug ist, kannst du ein paar Meter zurückgehen. Nun kannst du die Form der Kirche erkennen.
Kirchen haben verschiedene Formen: wie ein Schiff oder wie ein Zelt ...
Welche Form hat diese Kirche?

Gehe ganz um die Kirche herum. Gibt es Besonderheiten an der äußeren Wand?
Vielleicht: ein dickes Mauerwerk, große Fenster, Ecken und Mauervorsprünge, verschiedene Türme, mehrere Türen, Figuren an der Außenwand, Steinmetzzeichen ...

Wenn du mit deinen Eltern oder mit Freundinnen und Freunden gekommen bist, könnt ihr „Ich seh etwas, was du nicht siehst, und das ist ...“ spielen.
Beschreibe den Gegenstand genauer, und die anderen raten.

Ältere Kirchen haben dicke Mauern und schwere Portale. Das hat einen Grund:
In Kriegszeiten war die Kirche oft die letzte Rettung für die Menschen und ihre Tiere.
Wenn die Stadt oder das Dorf überfallen wurde, flohen die Menschen in die Kirche.
Hinter den dicken Mauern und den schweren Türen waren die Menschen sicher.

Eine Kirche lädt die Menschen ein, Bekanntschaft mit Gott zu machen.
Auch du bist willkommen.
Gehe in die Kirche hinein.
Vielleicht ist das Portal schwer. Dann brauchst du viel Kraft.

Vielleicht müssen sich deine Augen zuerst an die Dunkelheit gewöhnen.
Vielleicht stehst du auch in einem hellen Raum voller Licht.
Schau dich um und suche dir einen schönen Platz.
Setze dich einfach hin – in deiner Kirche.
Drinnen ist es viel ruhiger als draußen.
Drinnen riecht es anders als draußen.
Kommt das von den alten Mauern, von den Kerzen oder vom Weihrauch?

Viele Menschen waren schon hier in der Kirche, so wie du.
Alle zusammen sind eine richtig große Gemeinschaft – wie die große Kirche.
Dafür können wir alle Gott DANKE sagen.

Drei Menschen.
Sie berühren einander.
Um sie ist Licht.
Wie Wasser fließt das Blau über den in der Mitte.

Gott ist im Licht.
Gott ist im Wasser.
Gott ist in dir.

2 Du bist getauft

Gott hält immer zu dir

Wusstest du schon, ...

... dass Wasser für Menschen, Tiere und Pflanzen lebensnotwendig ist?

... dass in Deutschland ein Mensch an einem Tag ungefähr 126 Liter Wasser verbraucht ?

... dass jedes Jahr viele hunderttausend Menschen sterben, weil sie kein sauberes Wasser haben und deshalb krank werden? Das gilt besonders für Kinder unter 6 Jahren.

... dass seit 1992 jedes Jahr am 22. März der Weltwassertag ist?

... dass Wasser in vielen Religionen ein sehr wichtiges Zeichen ist:
im Christentum, im Islam, im Judentum, im Hinduismus.

... dass in der Osternacht Wasser geweiht wird? Mit diesem Wasser werden Kinder und Erwachsene getauft. Christen erneuern ihr Taufversprechen und werden mit dem geweihten Wasser besprengt.

... dass Christen mit Weihwasser das Kreuzzeichen machen, wenn sie in die Kirche hineingehen und wenn sie hinausgehen?

... dass manche Familien zu Hause ein Schälchen mit Weihwasser haben und beim Verlassen des Hauses einander segnen?

... dass Christen die Gräber mit Weihwasser besprengen und an ihre Verstorbenen denken? Sie hoffen, dass die Verstorbenen bei Gott sind.

... dass Wasser sogar Steine sprengen kann? In manche Steine kann Wasser eindringen. Wenn es sehr kalt wird und das Wasser im Stein gefriert, dehnt es sich aus und sprengt so den Stein.

... dass Gletscher so stark sind, dass sie ganze Landschaften verändern können?

... dass es auf der Erde viel mehr Salzwasser gibt als Süßwasser?

... dass es auch auf dem Planeten Mars Wasser gibt?

... dass es eine eigene Wissenschaft gibt, die alles über das Wasser erforscht:
die Hydrologie?

Weißt du, woher das Wasser in eurer Stadt kommt? Frage nach!

Ich entdecke meine Kirche

Taufstein und Weihwasserbecken

Es gibt einen besonderen Ort in der Kirche, an dem Menschen in die Gemeinschaft der Christen aufgenommen werden:
den Taufstein.
In einigen Kirchen steht er in der Nähe des Eingangs.
In anderen Kirchen steht er vorne.
Wieder andere Kirchen haben eine besondere Taufkapelle.

Viele Taufsteine sind geformt wie ein Brunnen. Schau dir die Form genau an.
Spüre mit deiner Hand den Stein.
Umfahre mit deiner Hand die Form des Taufsteins.
Vielleicht entdeckst du Verzierungen oder Bilder.
Woran denkst du, wenn du bei diesem Taufstein stehst?

Schau dich am Eingang der Kirche um.
Entdeckst du dort ein Becken mit Wasser?
Das Wasser in dem Becken ist gesegnet.
Wenn Menschen in die Kirche kommen, gehen sie zu diesem Wasserbecken.
Sie tauchen ihre Finger ein und machen ein Kreuzzeichen.
Das kannst du auch so tun:
„Im Namen des Vaters, des Sohnes und des Heiligen Geistes. Amen."
Wenn du wieder hinausgehst, kannst du es genauso machen.

Das Kreuzzeichen mit dem Weihwasser bedeutet:
Ich gehöre zu Gott. Ich bin ein Freund, eine Freundin Jesu.
In jeder Kirche gibt es mindestens ein Kreuz.
Gehe durch die Kirche und schau dich genau um.
Vielleicht gibt es in deiner Kirche sogar mehrere Kreuze, die verschieden gestaltet sind.
Wodurch unterscheiden sie sich?

Manche Familien haben zu Hause in der Nähe der Wohnungstür auch ein kleines Weihwasserbecken hängen. Eltern und Kinder segnen einander mit dem Wasser, bevor sie das Haus verlassen.

Weißt du, in welcher
Kirche du getauft wurdest?

Hast du den Taufstein in deiner Taufkirche schon einmal angeschaut?
Frage deine Eltern, wer dich getauft hat. Es steht in deiner Taufurkunde.

Frage deine Eltern, deine Taufpaten, wer bei deiner Taufe mitgefeiert hat.
Vielleicht habt ihr Fotos oder einen Film.
Beim Zusammen-Anschauen könnt ihr euch erinnern.

Gott hält immer zu dir

Guter Gott,
du bist immer bei mir,
auch wenn ich das
nicht spüre.
Du bist bei mir, wenn
ich allein bin.
Du sorgst für mich,
wenn ich krank bin.
Du tröstest mich, wenn
ich Sorgen habe.
Ob ich sitze oder stehe,
ob ich wache oder ruhe,
du, Gott, bist bei mir.

Jesus wird auf seinem Weg in die Wüste getauft

Als Johannes der Täufer, der Sohn von Elisabet und Zacharias, in der Wüste predigte und taufte, kam Jesus aus Nazaret in Galiläa zu ihm und ließ sich von ihm in dem Fluss Jordan taufen.
Kaum war er aus dem Wasser wieder aufgestiegen, da sah er, wie der Himmel sich öffnete und der Geist Gottes auf ihn wie eine Taube herabkam. Und er hörte eine Stimme, die vom Himmel her rief:

Kaum war das geschehen, da drängte der Heilige Geist ihn in die Wüste. Vierzig Tage zog er sich zurück, er blieb in der Einsamkeit der Wüste, fastete und betete, wurde vom Bösen auf die Probe gestellt, ließ sich aber nicht verführen, lebte bei den wilden Tieren, die ihm nichts antaten.

Markus 9,1-13

Wir feiern Taufe

Felix wird mit dem Kreuz bezeichnet.

Das Kreuz ist das Erkennungszeichen und das Bekenntniszeichen der Christen.

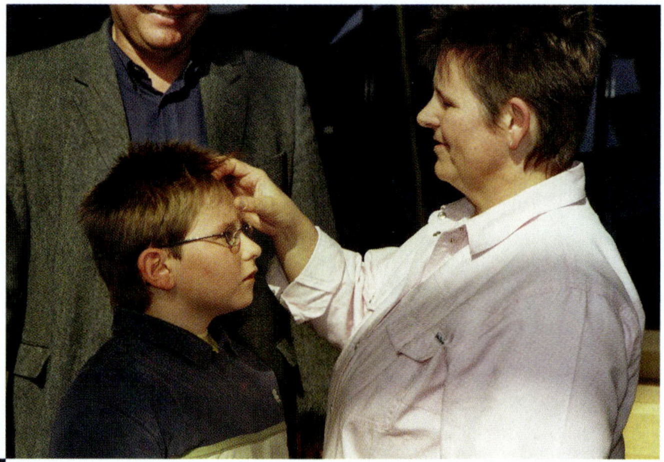

Felix wird mit Wasser getauft.

Wasser reinigt und schenkt neues Leben.
„Ich taufe dich im Namen des Vaters und des Sohnes und des Heiligen Geistes. Amen."

Felix wird mit Chrisam gesalbt.

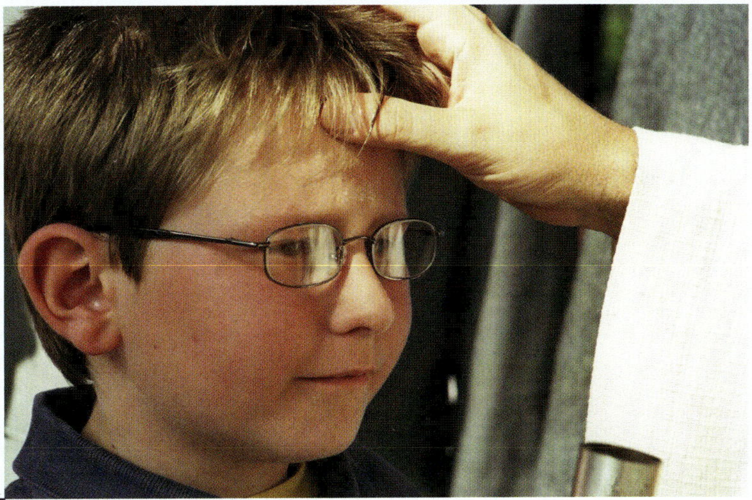

Die Salbung mit Chrisam macht sichtbar, dass wir zu Christus (dem Gesalbten) gehören.

Felix wird von seinem Paten das Taufkleid angezogen.

Das Taufkleid verweist auf einen Vers aus dem Galaterbrief:
„Ihr, die ihr getauft seid, habt Christus als Gewand angezogen."

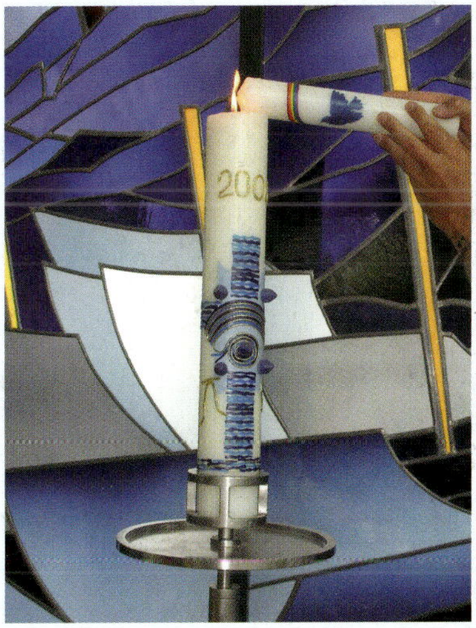

Für Felix wird die Taufkerze an der Osterkerze entzündet.

Die Kerze ist ein Zeichen für das Licht, das mit Jesus für uns in die Welt gekommen ist.
„Lebe als Kind des Lichts."

Das Apostolische Glaubensbekenntnis

Ich glaube an Gott,
den Vater, den Allmächtigen,
den Schöpfer des Himmels und der Erde,

und an Jesus Christus,
seinen eingeborenen Sohn, unseren Herrn,
empfangen durch den Heiligen Geist,
geboren von der Jungfrau Maria,
gelitten unter Pontius Pilatus,
gekreuzigt, gestorben und begraben,
hinabgestiegen in das Reich des Todes,
am dritten Tage auferstanden
von den Toten,
aufgefahren in den Himmel;
er sitzt zur Rechten Gottes,
des allmächtigen Vaters,
von dort wird er kommen
zu richten die Lebenden und die Toten.

Ich glaube an den Heiligen Geist,
die heilige katholische Kirche,
Gemeinschaft der Heiligen,
Vergebung der Sünden,
Auferstehung der Toten
und das ewige Leben.

Amen.

in unseren Worten

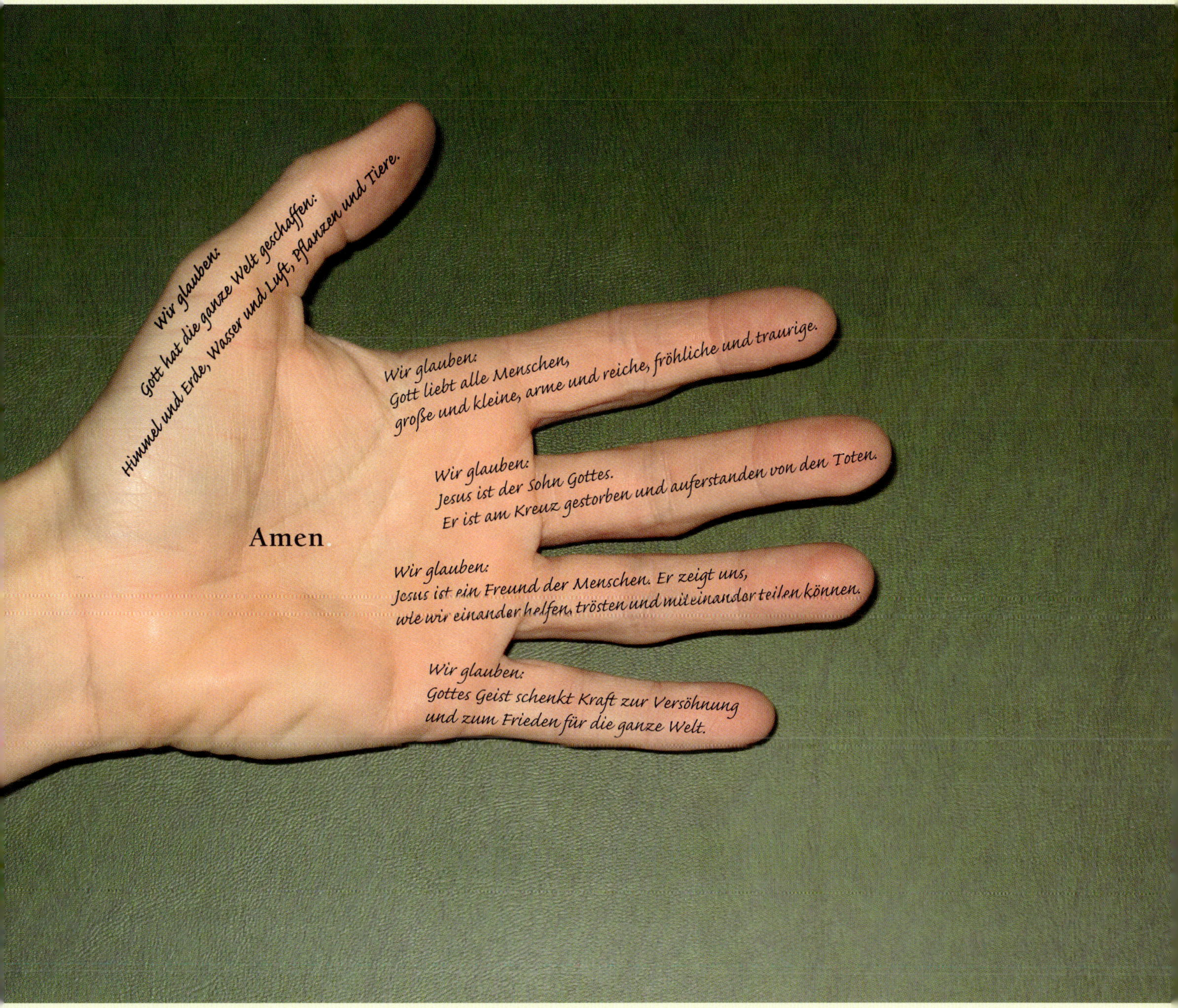

Wie Goldklumpen –
irgendwo in einem Acker.
Wer so einen Schatz findet,
der ist ...

Was ist für dich so wertvoll wie Gold –
und vielleicht doch nicht mit Geld
zu kaufen?

3 Ein besonderer Schatz für dich

Gottes Geschichte mit den Menschen

Bibelquiz

Kennst du die Geschichten?
Finde die richtige Antwort:

Der gute Hirte, der am Abend nur noch 99 Schafe in seiner Herde zählt,

1. bleibt bei den 99, damit nicht noch eines verloren geht.
2. zählt immer wieder nach, weil er sich vielleicht verzählt hat.
3. sucht das verlorene Schaf, bis er es gefunden hat.

Als sich über 5 000 Menschen um Jesus versammeln und ihm zuhören, bis es Abend wird,

1. verabschiedet Jesus alle und wünscht einen guten Heimweg.
2. segnet Jesus die fünf Brote und zwei Fische eines kleinen Jungen und beginnt zu teilen.
3. schickt Jesus seine Freunde los, damit sie genug Brot für alle einkaufen.

Beim letzten Abendmahl, das Jesus mit seinen Freunden feiert

1. wird das leckerste Essen aufgetischt, das es je gab.
2. spendieren die Freunde das Essen.
3. gibt es Brot und Wein.

*

Du kannst selbst weitere Quizfragen schreiben:

1. Erfinde eine Frage. Dazu kannst du deine Kinderbibel zu Hilfe nehmen.
2. Schreibe drei mögliche Antworten dazu auf, aber nur eine Antwort soll richtig sein.
3. Spiele das Quiz mit deinen Freundinnen und Freunden.

Die Gleichnisse vom Schatz und von der Perle

Das Himmelreich ist wie ein Schatz, der vergraben war in einem Acker.
Ein Mensch entdeckte ihn, grub ihn aber gleich wieder ein.
Voller Freude verkaufte er alles, was er besaß,
und kaufte mit dem Geld den Acker.

Auch ist es mit dem Himmelreich
wie in der Geschichte von dem Kaufmann, der schöne Perlen suchte.
Da fand er eine unendlich kostbare Perle.
Er verkaufte all seinen Besitz und kaufte die Perle.

Matthäus 13,44-46

Wir feiern Gottesdienst

Lesung

Wir hören die Lesung.
Sie erzählt aus der Geschichte Gottes mit den Menschen.

Halleluja-Ruf – Evangelium – Predigt

Wir hören das Evangelium, die frohe Botschaft Jesu an die Menschen.

Das Evangelium wird eingeleitet vom Halleluja-Ruf.
Halleluja heißt übersetzt „Lobt Gott".
Die brennenden Kerzen sind Zeichen für Jesus, das Licht der Welt.

An besonderen Festtagen verehren wir das Evangelienbuch mit Weihrauch.

Vor dem Evangelium spricht der Priester:
„Der Herr sei mit euch."
Wir antworten:
„Und mit deinem Geiste."
Der Priester macht ein Kreuzzeichen auf das Evangelienbuch und spricht dabei:
„Aus dem heiligen Evangelium nach Markus / Matthäus / Lukas / Johannes."
Wir bezeichnen unsere Stirn, unseren Mund und unser Herz mit einem Kreuz und sprechen dazu:
„Ehre sei dir, o Herr."
Dann hören wir die Predigt.

Ich denke an dich, ich rede von dir

Wusstest du schon, ...

... dass die Bibel schon ein sehr altes Buch ist?
Manche Texte sind schon 1 900 Jahre alt, die ältesten Abschnitte aus der Bibel sind wahrscheinlich 3 000 Jahre alt.

... dass die Bibel eine Sammlung von vielen einzelnen Büchern ist?
Insgesamt sind es 73 Bücher.

... dass das Wort Bibel aus der griechischen Sprache kommt?
Das griechische Wort „biblos“ bzw. „biblion“ heißt übersetzt „Buch“.

... dass im Jahr 1466 die erste Bibel gedruckt wurde?
Davor gab es nur Bibeln, die von Hand abgeschrieben waren.

... dass Martin Luther als Erster die Bibel in die deutsche Sprache übersetzt hat?

... dass heute die Bibel in 2 355 verschiedene Sprachen übersetzt ist?

... dass die Bibel seit vielen Jahren zu den Bestsellern gehört?

... dass die kleinste Bibel 7 x 5 mm groß ist?
Ein junger Mann hat sie 1997 auf dem Dachboden seines Elternhauses in Westböhmen gefunden.

Ich entdecke meine Kirche

Geschichten aus der Bibel

Menschen gehen in die Kirche, um zu beten.
Sie wollen von Jesus und von seiner Botschaft hören.
In deiner Kirche kannst du Geschichten der Bibel finden.
Sie erzählen von Gott, von Jesus und den Menschen.

Vielleicht liegt in deiner Kirche eine große Bibel.
Bei einem Besuch in der Kirche können Menschen darin lesen.

Früher konnten viele Menschen nicht lesen.
Da hatten die Künstler eine besondere Idee:
Sie erzählten die Geschichten der Bibel in Bildern.
Und obwohl heute viele Menschen lesen können, erzählen Maler die Botschaft immer noch in Bildern.
Wir können die Bilder bis heute anschauen und lesen.

Entdeckst du solche Bilder an den Wänden, an der Decke?
Schau dir die Bilder genau an.
Kennst du die Geschichten, die diese Bilder erzählen?
Du kannst bei deinen Eltern, in der Kommuniongruppe oder im Religionsunterricht nachfragen.

In manchen Bildern oder Verzierungen kannst du vielleicht Gold entdecken.
Beobachte einmal im Gottesdienst, wie das Gold im Schein der Kerzen leuchtet.

Schau die Kirchenfenster an.
Manche Fensterbilder erzählen auch von diesen Geschichten.
Sie lassen die frohe Botschaft in der Sonne besonders schön leuchten!
Setz dich an einen Platz, an dem du dich von diesem bunten Licht bescheinen lassen kannst.
Beobachte, welche Spuren diese bunten Farbfenster in die Kirche legen.

Vielleicht gefällt dir ein Bild oder ein Glasfenster besonders gut.
Du kannst es auch malen oder abzeichnen – oder deine eigene Lieblingsgeschichte darstellen.
Mit Goldfarben verziert wirkt es besonders schön.

Ein Labyrinth.
Suche mit deinem Finger
den Weg in die Mitte.

Vielleicht klappt es nicht sofort.
Versuche es noch einmal.
Es gibt den Weg
durch alle Kurven und Kehren hindurch.

Angekommen?
Angekommen!

4 Was soll ich bloß tun?

Den richtigen Weg finden und Versöhnung feiern

Das Gleichnis vom barmherzigen Samariter

Der Gesetzeslehrer fragte Jesus: „Und wer ist mein Nächster?"
Da antwortete Jesus mit einer Geschichte:
Ein Mann ging von Jerusalem nach Jericho hinab und fiel unter die Räuber. Sie raubten alles, was er bei sich hatte und was er anhatte, verprügelten ihn, ließen ihn halbtot liegen und machten sich aus dem Staub.
Zufällig kam ein Priester denselben Weg hinab. Er sah den Menschen liegen und ging weiter. Auch ein Mann aus dem Stamme Levi kam an die Stelle, sah ihn und ging weiter. Da kam ein Mann aus Samarien des Wegs, sah ihn und hatte Mitleid mit ihm.
Der Samariter ging zu ihm hin, behandelte mit Öl und Wein seine Wunden und verband sie. Dann hob er ihn auf sein Reittier, brachte ihn in ein Gasthaus und umsorgte ihn. Am nächsten Morgen nahm er zwei Silbermünzen aus seinem Geldbeutel und gab sie dem Gastwirt mit dem Auftrag: Sorge für ihn! Solltest du noch mehr Geld brauchen, werde ich es dir zurückzahlen, wenn ich wieder vorbeikomme.
„Was meinst du? Wer von den dreien ist der Nächste geworden für den, der unter die Räuber gefallen war?"
Der Gesetzeslehrer antwortete: „Der sich seiner erbarmt hat, Mitleid hatte und geholfen hat." Da sagte Jesus: „Geh hin und handle genauso!"

Lukas 10,25-37

Du kennst mich

Mein Gott, du kennst mich.
Ob ich sitze oder stehe, du weißt von mir,
wer ich bin und was ich denke.
Ob ich ruhe oder gehe, es ist dir bekannt,
du weißt, wohin ich meine Wege gehe.
Noch liegt mir das Wort nicht auf der Zunge –
du, Gott, weißt, was ich sagen will.
Du umgibst mich von allen Seiten
und hältst deine Hand auf und über mir.
Zu wunderbar bist du für mich,
zu hoch, ich kann dich nicht begreifen.

Ich bin im Innersten von dir geschaffen,
du hast mich werden lassen im Bauch meiner Mutter.
Ich danke dir, dass ich so wunderbar gestaltet bin.
Zum Staunen sind deine Werke.
Das erkennt meine Seele.
Als ich geformt wurde im Dunkeln,
kunstvoll entstand in den Tiefen der Erde,
war dir nichts an mir verborgen.
Deine Augen sahen, wie ich wuchs.
In deinem Buch war schon alles verzeichnet.
Meine Tage standen bereits fest,
als noch keiner von ihnen da war.
Wie undenkbar sind für mich deine Gedanken;
mein Gott, wie unendlich ist ihre Zahl.
Wollte ich sie zählen,
es wären mehr als alle Sandkörner der Erde,
mehr als Atome im Universum.
Und käme ich dabei zum Ende,
wäre ich noch immer bei dir.

Aus Psalm 139

Ich denke über mich und mein Leben nach

**Setze dich ein paar Minuten
an einen Ort, an dem du ungestört bist.
Jetzt kannst du beten.**

Vertraue Gott alles an, was dir auf dem Herzen liegt.
Erzähle ihm, was dir gut gelingt
und was dir Freude macht.

Nicht alles, was wir tun, ist gut.
Erzähle Gott, was dich traurig macht, weil du spürst,
dass du etwas falsch gemacht hast.
Vielleicht hast du weggeschaut, wo jemand deine Hilfe gebraucht hätte.
Vielleicht warst du neidisch, weil du nicht alles haben kannst, was andere haben.
Vielleicht war es dir gleichgültig, wenn jemand ungerecht behandelt wurde.
Vielleicht hast du etwas angestellt und kannst es nicht zugeben.

Bitte Gott um den Mut, dich zu entschuldigen.
Bitte Gott, dass er dir neue Kraft schenkt, um Gutes zu tun.
Bitte ihn um Vergebung.

Gott, du trägst mir nichts nach

Gott,
ich hatte mir vorgenommen,
alles gut und richtig zu machen.
Aber plötzlich war alles vergessen.
Ich weiß selber nicht,
warum ich dann auf einmal richtig gelogen habe.
Hinterher hat es mir leid getan.
Aber ich war zu bockig, es zuzugeben.
Wie kommt es, dass ich manches Mal das tue,
was ich eigentlich nicht will.
Danke, dass ich dir das alles sagen kann.
Du trägst mir nichts nach,
das hat uns Jesus erzählt.
Du verzeihst mir.
Das macht mich froh.
Amen.

*

Gott ist barmherzig.
Er hört dein Gebet.
Er verzeiht dir und führt zum Guten,
was dir nicht gelungen ist.
Du kannst neu anfangen.
Gott stärkt dich dazu.
Amen.

Wusstest du schon, ..

... dass Versöhnung ein Grund zum Feiern ist, weil es Menschen gelungen ist, wieder aufeinander zuzugehen?

... dass manche Versöhnungstage im Kalender stehen und ein Feiertag sind? Schaue einmal im Kalender nach dem 3. Oktober und frage deine Eltern, woran wir an diesem Tag denken.

... dass das Judentum einen eigenen Versöhnungstag feiert? Er heißt Jom Kippur. Es ist ein Fastentag, der kurz vor Sonnenuntergang beginnt und am folgenden Tag nach Einbruch der Nacht endet.

... dass für katholische Christen mit dem Aschermittwoch eine Zeit der Umkehr und der Versöhnung beginnt? Sie dauert 40 Tage und wird auch Fastenzeit genannt. Viele Christen verzichten deshalb in diesen 40 Tagen auf überflüssige Dinge, andere überlegen sich etwas Besonderes, worauf sie aufmerksam sein wollen. Zum Beispiel jeden Tag jemandem ein gutes Wort sagen.

... was „beichten" bedeutet? Zusammen mit dem Priester bekennt ein Christ Gott seine Schuld. Im Namen Gottes spricht der Priester ihn frei von seiner Schuld. Wir Christen nennen es das Sakrament der Buße und Versöhnung.

... dass evangelische Christen am Buß- und Bettag Gott besonders um Vergebung bitten? Früher war dieser Tag ein arbeits- und schulfreier Feiertag.

Die Erde –
der blaue Planet im Weltraum.
Wir leben auf dieser Erde.
Sie ist uns anvertraut.
Wir sollen sie schützen und bewahren.
Wir tragen Verantwortung für alles, was lebt.
Vieles macht uns Freude.
Vieles macht uns Sorgen.

5

Gott, so ist unsere Welt

Beten ist Freundschaft mit Gott und den Menschen

Voll Freude und Sorge –
schön und gefährlich
so ist unsere Welt

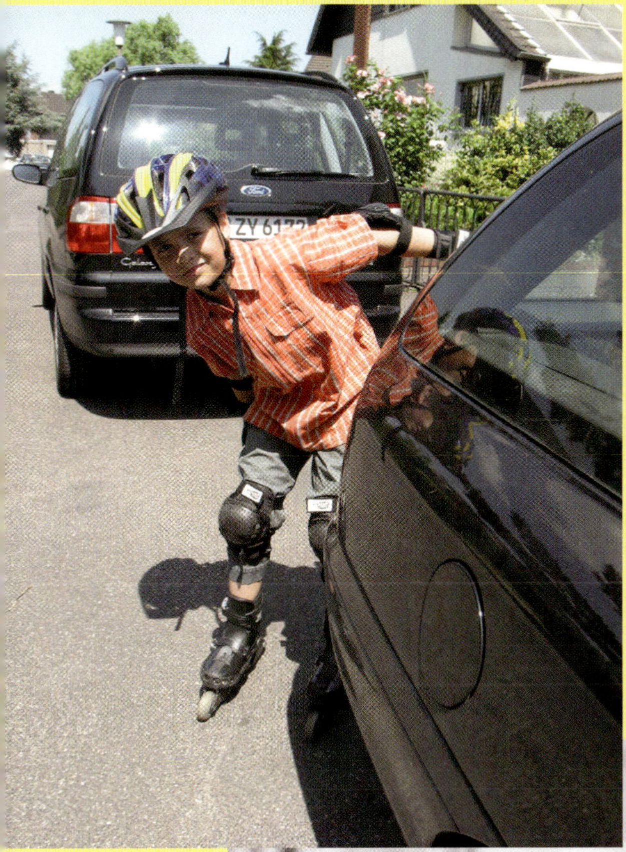

So können wir beten

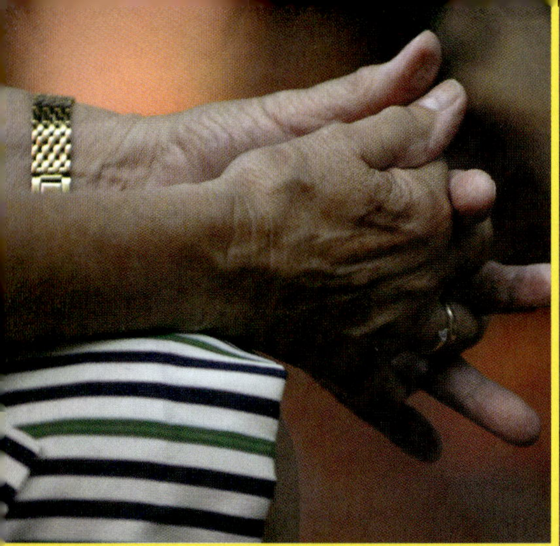

Meine Kirche entdecken

Beten

Die Kirche ist ein Ort, an dem Freude und Sorgen gut aufgehoben sind. Menschen gehen in die Kirche, um Ruhe zu finden, einfach so, irgendwann am Tag. Die einen kommen voller Freude und wollen Gott DANKE sagen.
Andere kommen in großer Sorge und bitten Gott um Hilfe und Schutz.
Sie sagen Gott alles, was sie auf dem Herzen haben. Sie beten.

In vielen Kirchen gibt es einen besonderen Ort für dieses Gebet:
Meist ist dort eine Marienfigur.
Manchmal ist es Maria mit dem kleinen Jesus auf dem Arm.
Manchmal ist es Maria mit dem toten Jesus auf dem Schoß.

Viele Menschen beten in schweren Situationen zu Maria, weil sie glauben, dass Maria besonders gut mitfühlen kann.

Gibt es in deiner Kirche so einen Ort?
Vielleicht brennen hier auch Kerzen.
Menschen haben sie entzündet und beten um Hoffnung, um Licht in ihrem Herzen.

Setze dich einfach hin und werde ganz still.
Was willst du Gott sagen?
Du kannst das ganz still tun. Mit Gott können wir auch in Gedanken sprechen.
Du kannst an Menschen denken und ihnen Gutes wünschen.
Du kannst deine Gedanken wandern lassen, ohne zu reden.
Vielleicht willst du auch eine Kerze anzünden und dabei an einen Menschen denken, der dir besonders wichtig ist.

Bevor du wieder gehst, kannst du ein Kreuzzeichen machen und
Gott DANKE sagen dafür, dass er immer und überall bei dir ist.

Betet das Vaterunser

Wenn ihr betet, seid dabei ehrlich und tut nicht nur so, als ob ihr betet. Geh in dein Zimmer, mach die Tür zu, sei ganz für dich und ganz bei dir. Dann bete zu deinem Vater, der im Verborgenen ist. Dein Vater, der auch das Verborgene sieht, wird auf dich hören. Wenn ihr betet, braucht ihr nicht viele Worte machen. Denn euer Vater ist Gott und er weiß, was ihr braucht, noch bevor ihr es aussprecht. Und so sollt ihr beten:

Vater unser im Himmel,
geheiligt werde dein Name,
dein Reich komme, dein Wille geschehe,
wie im Himmel, so auf Erden.
Unser tägliches Brot gib uns heute,
und vergib uns unsere Schuld,
wie auch wir vergeben unseren Schuldigern.
Und führe uns nicht in Versuchung,
sondern erlöse uns von dem Bösen.

Matthäus 6,5-13

Wir feiern Gottesdienst

Nach der Predigt sprechen wir das Glaubensbekenntnis. Das Glaubensbekenntnis fasst zusammen, woran wir Christen glauben.
Schlag nach auf Seite 24 und 25.
Nach dem Glaubensbekenntnis folgen die Fürbitten der Gemeinde.

Fürbitten

Wir vertrauen Gott und bitten ihn:

Gott, du hast diese Welt und alles, was lebt, geschaffen.
Hilf uns, die Schöpfung zu achten und sorgsam mit den Gütern der Erde umzugehen.

Gott, viele Menschen leiden unter Krieg und Verfolgung.
Hilf den Regierenden, Frieden zu schließen, und den Menschen, einander zu vergeben.

Gott, du hast den Menschen viele Begabungen geschenkt.
Stärke sie, diese für das Gute einzusetzen.

Gott, viele Menschen sind einsam und leiden Not.
Lass sie nicht allein und schenke ihnen Hilfe durch andere Menschen.

Gott, wir denken an unsere Verstorbenen, die nun bei dir sind.
Tröste alle, die um sie trauern.

Gott, wir glauben an deine Hilfe.
Dich loben und preisen wir. Amen.

Ein Korn in der Erde.
Es keimt und wächst.
Die Sonne lässt an einem Halm
viele Körner reifen.

Viele Körner werden gemahlen,
werden Mehl, werden Teig.
In der Hitze wird das Brot.

Wir teilen das Brot
und essen miteinander –
wie Jesus mit vielen Menschen.

6 Einfach Brot

Wachsen – reifen – backen – für das Mahl

Das brauchst du zum Brotbacken:

1 Kilogramm Mehl
40 Gramm Hefe
1 Esslöffel Salz
ungefähr 600 ml
lauwarmes Wasser

Löse die Hefe mit warmem Wasser auf und warte, bis sie treibt.
Dann mische diesen Brei mit Mehl, Salz und dem übrigen Wasser.
Knete alles gut durch.
Dann lässt du den Teig ungefähr 1 Stunde ruhen.

Forme das Brot so, wie es dir gefällt.
Das Brot wird bei 200 Grad im Backofen gebacken. Ein großes Brot braucht etwa eine Stunde, kleine Brötchen brauchen etwa 30 Minuten.
Geteilt schmeckt es am besten.

Guten Appetit!

Wusstest du schon, ...

... dass Brot fast das älteste Nahrungsmittel ist, das Menschen zubereiten? Das Korn wurde zwischen Steinen gemahlen. Dann wurde das Mehl mit Wasser zu Brei vermischt. Dieser Brei wurde auf heißen Steinen oder in heißer Asche zu Brot gebacken. Das erste Brot wurde wahrscheinlich schon vor 5 000 Jahren gebacken.

... dass die Ägypter die Ersten waren, die Brot gebacken haben?
Sie hatten deshalb den Beinamen: Brotesser.

... dass Menschen in fast allen Teilen der Erde Brot backen?

... dass in unserer Zeit in Europa jeden Tag Brot vernichtet wird, weil zu viel gebacken wird? Zur gleichen Zeit hungern Menschen in vielen Ländern der Erde, weil sie nicht einmal das tägliche Brot haben.

... dass es in Deutschland die meisten verschiedenen Brotsorten gibt?

... dass Betlehem übersetzt „Haus des Brotes“ heißt?
Im Lukasevangelium wird erzählt, dass Jesus in Betlehem geboren wurde.

... dass Jesus mit vielen Menschen das Brot geteilt hat?
Zwei seiner Freunde haben ihn am Brotbrechen wiedererkannt.
Lies nach im Lukasevangelium 24,13-25. Du findest die Geschichte in „Die Bibel für Kinder und alle im Haus“ von Rainer Oberthür, S. 260-262.

... dass das Wort „Eigenbrötler“ einen Menschen beschreibt, der am liebsten allein ist und sich nicht für andere Menschen interessiert?

Was bedeutet der Name deiner Heimatstadt oder deines Heimatdorfes?

Wir feiern Gottesdienst

Gabenbereitung

Die Eucharistiefeier beginnt mit der Gabenbereitung. Brot und Wein werden zum Altar gebracht.

Herr, wir bringen in Brot und Wein

1. Groß ist der Herr, wir wollen ihn preisen. Sein ist die Erde und was auf ihr lebt. Seine Geschenke sind unsere Gaben.
2. Unsere Hände und Becher sind leer. Mit Brot und Wein füllt sie der Herr. Denn er ist Gabe und Geber zugleich.
3. Was er uns gibt, das gibt er für alle, damit wir es teilen mit allen Menschen. So sind wir Freunde an seinem Tisch.

BRØD	хляб	paine	pão	პური	хлеб	LEIPÄ
Schwedisch	Bulgarisch	Rumänisch	Portugiesisch	Tamilisch	Russisch	Finnisch

Brot

mkate	chlěb	pane	خبز	kenyér	brood	roti
Súaheli	Polnisch	Italienisch	Arabisch	Ungarisch	Niederländisch	Indonesisch

kruh	Duonos	ψωμὶ	PANIS	ン	chlèb	ekmek
Kroatisch	Litauisch	Griechisch	Lateinisch	Japanisch	Serbisch	Türkisch

Kannst du Brot in andere Sprachen übersetzen?
Frage auch Kinder in deiner Nachbarschaft und in der Schule, die andere Sprachen sprechen.

Brot

Ich entdecke meine Kirche

Altar

Bei deinen Entdeckungen in der Kirche ist dir sicher der Altar aufgefallen.
Es ist der besondere Tisch in der Kirche.
Er steht meistens erhöht.
So ist er von allen Menschen, die da sind, gut zu sehen.
In alten Kirchen gibt es oft mehrere Altäre.

Der Altar ist kein gewöhnlicher Tisch.
Er ist meistens aus einem besonderen Naturstein gehauen.
Er ist mit einem weißen Tuch gedeckt.
Auf dem Altar stehen Kreuz und Kerzen.
So sieht der Altar besonders festlich aus.
Der Altar ist der Tisch für das Mahl mit Jesus.

Zur Tischgemeinschaft mit Jesus versammeln sich viele Menschen.
Beim Gottesdienst hast du vielleicht schon Menschen gesehen, die du kennst und die auch zu dieser Tischgemeinschaft gehören.
Diese Tischgemeinschaft teilt nicht irgendetwas miteinander.
Überall auf der Welt teilt sie Brot und Wein.
Mit diesem Brot und dem Wein feiern wir Kommunion.
Wir feiern Gemeinschaft mit Jesus.
In Brot und Wein ist Jesus uns nahe.
Er schenkt uns sein Leben, seine Kraft.
Wir sagen dazu: „Heiliges Brot“ oder „Leib Christi“.
Dieses Heilige Brot liegt in einer kostbaren Schale.
Der Heilige Wein ist in einem kostbaren Kelch.

Jesus
unser Freund
für uns da
in Brot und Wein
stark

7 Ein unendliches Geheimnis

Jesus ist *Kumpane* für uns Menschen

Jesus isst und trinkt mit den Jüngern beim letzten Abendmahl

Am ersten Tag des Wochenfestes der ungesäuerten Brote zur Erinnerung an den Auszug Israels aus Ägypten schlachteten die Juden das Passahlamm und hielten ein Festmahl. So bereiteten auch die Jünger das Passahmahl im Haus eines fremden Mannes in Jerusalem vor.

Als es Abend wurde, kam Jesus mit den Zwölfen. Bei Tisch ergriff Jesus das Wort: „Ich sage euch, einer von euch wird mich ausliefern, einer, der hier mit mir isst." Da wurden die Jünger traurig und einer nach dem anderen fragte: „Doch nicht etwa ich?" Jesus sagte: „Es ist einer von euch, der mit mir aus derselben Schüssel isst. Der Menschensohn muss zwar seinen Weg sowieso gehen, wie es die Schrift sagt, doch der Mensch, der ihn verrät, wäre besser nicht geboren."

Als sie aßen, nahm Jesus das Brot, sprach den Lobpreis, brach das Brot und reichte es seinen Jüngern mit den Worten:

„Da, nehmt, es ist mein Leib, das bin ich selbst."

Dann nahm er den Kelch, sprach das Dankgebet und reichte ihn seinen Jüngern und sie tranken alle draus. Und Jesus sagte:

„Das ist mein Blut, das Blut des Bundes Gottes mit den Menschen,
das für viele Menschen vergossen wird.
Ich sage euch: Ich werde erst wieder von der Frucht des Weinstocks trinken, wenn das Reich Gottes vollendet ist."

Matthäus 14,12.17-25

Wir feiern Gottesdienst

Hochgebet

Das Hochgebet spricht der Priester.
Im Hochgebet wird an alles erinnert, was Gott für die Menschen getan hat, sowie an das Geschehen im Abendmahlssaal.

Am Abend vor seinem Tod hat Jesus mit seinen Jüngern ein Mahl gefeiert.
Wir sagen dazu „das letzte Abendmahl".
Wenn wir Gottesdienst feiern und an Jesus denken, dann ist er mitten unter uns.
Er ist hier und jetzt in den Gaben von Brot und Wein bei uns.
Das ist Wandlung.

Der Priester wiederholt die Worte Jesu:
„Nehmt, es ist mein Leib, der für euch hingegeben wird."

„Das ist mein Blut, das Blut des neuen Bundes, das für euch und für alle vergossen wird zur Vergebung der Sünden."

Wir feiern heute das Mahl Jesu, weil er dazu den Auftrag gegeben hat:
„Tut dies zu meinem Gedächtnis."

Wir preisen deinen Tod,
wir glauben, dass du lebst.
Wir hoffen, dass du kommst zum Heil der Welt.
Komm, o Herr, bleib bei uns,
komm, o Herr, Leben der Welt.

Vaterunser und Friedensgruß

Wir beten das Vaterunser, das Gebet, das Jesus seine Jünger gelehrt hat. Du findest es auf Seite 48.
Anschließend bitten wir um den Frieden Jesu und wünschen uns gegenseitig diesen Frieden.

Brotbrechung

Das Brot wird gebrochen.
Es ist das Zeichen, dass Jesus sein Leben für uns hingegeben hat.
Jesus ist unser Kumpane, der das Brot mit uns teilt.
Jesus ist selbst Brot für uns.

Kommunion

Wir empfangen den Leib Christi.
Wir empfangen das Blut Christi.
So sind wir mit Jesus und untereinander verbunden.

Die große Tischgemeinschaft Jesu

Ein Gebet zur Kommunion

Jesus,

du hast mich zu deinem Mahl eingeladen.
Ich danke dir dafür.
Aber du hast nicht nur mich eingeladen.
Ich habe viele Menschen geehen:
alte und junge,
fröhliche und traurige,
gesunde und kranke,
reiche und arme.
Wir alle sind deine Gäste.
Wir sollen füreinander da sein,
denn du hast alle ohne Unterschied lieb.
Amen.

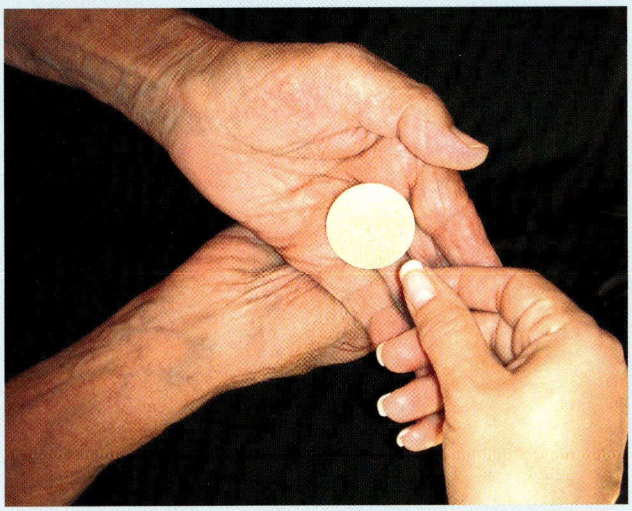

Wusstest du schon, ...

... dass beim Mahl Jesu überall auf der Welt Brot geteilt wird. So werden wir alle eine große Tischgemeinschaft und Jesus ist mitten unter uns. Er ist unser Kumpane, das bedeutet, er ist selbst Brot für uns.

... dass wir zu diesem Mahl auch „Eucharistiefeier" sagen. Das Wort „Eucharistie" kommt aus der griechischen Sprache und heißt übersetzt: „Danksagung".

... dass auch kranken Menschen die Kommunion gebracht wird? Wir sagen dazu Krankenkommunion. Wir hoffen mit den Kranken, dass die Gemeinschaft mit Jesus sie stärkt.

... dass es in der Kirche ein besonderes Zeigegefäß für das Heilige Brot gibt? Es ist wertvoll und besonders schön verziert. Es heißt: Monstranz.

... dass bei Prozessionen das Heilige Brot in der Monstranz mitgetragen wird?

... dass es einen Feiertag gibt, an dem wir in besonderer Weise den Leib und das Blut Christi verehren? Das Fest heißt „Fronleichnam".
Das Wort ist zusammengesetzt aus althochdeutschen Worten:
„vron" = Herr, und „lichnam" = Leib.
Wir tragen das Heilige Brot in einer Monstranz durch Straßen, Dörfer und Städte. Damit sagen wir: Jesus ist mitten unter den Menschen. Wir sind Jesu Kumpane und eine große Gemeinschaft.

Ich entdecke meine Kirche

Ewiges Licht und Tabernakel

Bestimmt hast du Dinge, die dir kostbar und wertvoll sind.
Wo bewahrst du diese Sachen auf?
Du hast für sie einen besonderen Platz, vielleicht sogar ein Schatzkästchen.

So ein „Schatzkästchen", einen Platz für das Wertvollste,
gibt es in jeder katholischen Kirche.
Es ist oft besonders schön verziert, manchmal sogar mit Bildern oder Edelsteinen.
Die Wände sind fest und die Tür ist verschließbar.

Dieses Schatzkästchen kannst du in der Kirche gut finden.
In seiner Nähe brennt ein rotes Licht.
Die kleine Flamme in der Öllampe brennt Tag und Nacht.
Das Licht heißt „Ewiges Licht".

Das Schatzkästchen hat einen besonderen Namen: „Tabernakel".
Das Wort ist lateinisch und heißt übersetzt „Hütte" oder „Zelt".
Der Tabernakel ist also ein Zelt für Jesus, ein besonderer Platz in unserer Kirche.

Wenn nach dem gemeinsamen Mahl,
nach der Kommunion, Heiliges Brot
übrig bleibt, wird es hier bis zum nächsten Gottes-
dienst aufbewahrt.

Das Heilige Brot im Tabernakel und
das Ewige Licht haben eine besondere
Botschaft:
Jesus ist bei uns – bei Tag und Nacht.

Menschen, die in die Kirche
kommen, machen eine Kniebeuge und schauen dabei zum
Tabernakel.
So grüßen und verehren sie Jesus.

Jetzt kennst du diesen
besonderen Ort.
Wenn du in die Kirche kommst,
kannst du auch auf den
Tabernakel schauen und eine
Kniebeuge machen.

Dabei kannst du beten:
„Jesus, du bist immer bei uns.
Am Tag und in der Nacht.
Ich danke dir.
Amen."

Viele kleine Leute
an vielen kleinen Orten,
die viele kleine Dinge tun,
können das Gesicht der Welt verändern.

Afrikanisches Sprichwort

8 Brot teilen wirkt

Gestärkt sein für …

Der eine Leib und die vielen Glieder

In einem Bild erklärt der Apostel Paulus den Brüdern und Schwestern in der Gemeinde damals und damit auch uns, dass der Heilige Geist jedem Einzelnen eine besondere Gabe schenkt, aber dass wir zusammen die Gemeinschaft der Christen bilden:

Unser Leib besteht aus vielen einzelnen Gliedern und ist doch ein einziger.
So ist es auch mit Christus und seiner Gemeinde:
Wir sind alle mit dem einen Geist Gottes getauft
und deshalb sind wir alle ein einziger Leib.
Zu einem Leib gehören viele verschiedene Glieder.
Jedem von euch hat Gott eine besondere Aufgabe gegeben.
Da sind zuerst die Apostel, danach die Propheten, dann die Lehrer,
schließlich Christen, die Wunder tun, und die, die Kranke heilen,
andere helfen den Armen, andere können die Gemeinde leiten,
wieder andere reden in Himmelssprachen oder können sie verstehen.
Es kann nicht jeder das Gleiche können und tun,
damit die Gemeinschaft lebt.
Bemüht euch aber um die Gaben, die der Gemeinde am meisten nützen!

1 Kor 12,12-14.19-31a

Wir feiern Gottesdienst

Dankgebet

Am Ende des Gottesdienstes danken wir Gott für sein Wort.
Wir danken für die Gemeinschaft mit Jesus und untereinander.

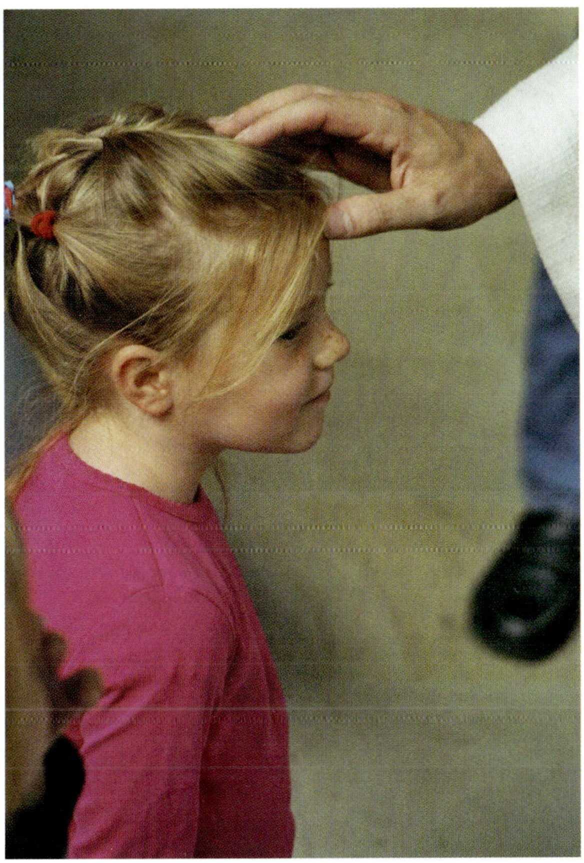

Segen

Wir empfangen den Segen Gottes für den Tag und für die kommende Woche.

Sendung

Wir sind gesendet, Gottes Segen und Frieden weiterzugeben.

Brot für viele

Um allein zu sein, fuhr Jesus mit dem Boot in eine einsame Gegend. Doch viele Leute hörten davon und gingen ihm hinterher. Als Jesus aus dem Boot stieg und die vielen Menschen sah, hatte er Mitleid mit ihnen und heilte die Kranken unter ihnen.

Als es Abend geworden war, kamen die Jünger zu Jesus und meinten:
„Die Gegend ist einsam und es ist schon spät. Schick sie weg, damit sie sich in den Dörfern etwas zu essen kaufen können!"
Jesus aber entgegnete: „Nein, die Leute müssen nicht weggehen. Gebt ihr ihnen zu essen!"
Sie sagten: „Wir haben hier aber nur fünf Brote und zwei Fische."
Da bat Jesus sie: „Bringt sie mir her!"
Und er forderte die Menschen auf, sich auf dem Gras niederzulassen. Dann nahm er die fünf Brote und die zwei Fische, blickte hoch zum Himmel, segnete sie, teilte die Brote und die Fische und gab sie seinen Jüngern. Die Jünger aber verteilten sie an die Leute.
Und alle aßen, bis sie satt waren. Danach sammelten die Jünger noch zwölf Körber voller Brotreste ein. Es nahmen etwa fünftausend Männer und dazu noch die Frauen und Kinder an dem Mahl teil.

Matthäus 14,13-21

Wusstest du schon, ...

... dass das Wort „Kumpel“ von dem Wort Kumpan kommt? Lateinisch heißt das *cum pane*: jemand, mit dem ich mein Brot teile.

... dass das Wort „Kumpel“ auch gebraucht wird, wenn man sagen will: das ist ein guter Kamerad, das ist ein netter Kerl?

... dass Bergarbeiter zueinander „Kumpel“ sagen? Sie arbeiten unter Tage. Das bedeutet, dass sie unter der Erde in tiefen Stollen und Minen arbeiten. Das ist ein sehr gefährlicher Arbeitsplatz. Deshalb müssen sich die Kumpel voll und ganz aufeinander verlassen können.

... dass die heilige Barbara die Schutzheilige der Bergleute ist?

... dass bis heute im Bergbau auch Kinder als Arbeitskräfte eingesetzt werden? Sie können sich in den engen Stollen besser bewegen. Sie bekommen viel weniger Lohn als Erwachsene. Bis heute arbeiten in Bolivien etwa 6 500 Kinder in Silberminen. Man nennt sie dort „Mineros“. Viele kommen aus sehr armen Familien und müssen arbeiten, anstatt zur Schule zu gehen.

Kinder schaffen was

Ich entdecke meine Kirche

Heilige

Jede Kirche hat einen Namen.
Wie heißt deine Kirche?
Vielleicht entdeckst du ihren Namen im Schaukasten.
Manchmal ist auch die Straße oder der Platz nach dem Namen der Kirche benannt.

Die meisten Kirchen haben einen Namenspatron oder eine Namenspatronin.
Diese Kirchenpatrone sind heilige Männer und Frauen, die als Kumpane und Kumpaninnen Jesu gelebt haben.
Sie haben in ihrem Leben auf Gott vertraut.
Sie glaubten daran, dass Gott in guten und in schwierigen Zeiten ihres Lebens da ist. Viele Heilige haben sich ganz besonders um andere Menschen gekümmert.
Sie können für uns Vorbilder sein.

Kirchenpatrone sind oft als Heiligenfigur in der Kirche zu finden:
als Statue oder in Bildern aus der Lebensgeschichte des Heiligen.
Entdeckst du den Namenspatron deiner Kirche?
Manchmal steht er oder sie als Statue vor der Kirche.
Was weißt du von der Lebensgeschichte dieses Namenspatrons?
Vielleicht kannst du auch erfahren, weshalb die Kirche gerade diesen Namen trägt.

Viele Christen haben ebenfalls einen Namenspatron.
Was weißt du von der Lebensgeschichte deines Namenspatrons?
Ist er oder sie auch in deiner Kirche dargestellt?
Frage deine Eltern, warum sie gerade diesen Namen für dich ausgewählt haben.

Vielleicht gibt es in deiner Kirche mehrere Heiligenfiguren.
Wie kannst du sie unterscheiden und erkennen?
Viele Heilige tragen ein besonderes Erkennungszeichen.
So ist zum Beispiel der heilige Martin an dem geteilten Mantel zu erkennen, den er dem Bettler gibt.
Andere Heilige haben einen Schlüssel, ein Brot, ein Rad, einen Turm, ein Schwert ... bei sich.
Suche dir eine Heiligenfigur aus, die dir besonders gefällt – und forsche nach ihrer Geschichte.
Frag nach bei deinen Eltern, in der Kommuniongruppe oder im Religionsunterricht.

Schlag nach in:

- Vera Schauber/Michael Schindler, Mein großes Buch der Heiligen und Namenspatrone. Bernward-Verlag bei Don Bosco, erschienen im Jahr 2003
- www.heiligenlexikon.de

So feiern wir Gottesdienst

Eröffnung

Einzug

Begrüßung

Schuldbekenntnis

Kyrie

Gloria

Tagesgebet

Wortgottes-dienst

Lesung

Zwischengesang

Halleluja-Ruf

Evangelium

Predigt

Glaubens-bekenntnis

Fürbitten

Eucharistiefeier

Herbeibringen der Gaben

Gabenbereitung

Gabengebet

Hochgebet

Vaterunser

Friedensgebet und Friedensgruß

Einladung zur Kommunion

Kommunionempfang

Schlussgebet

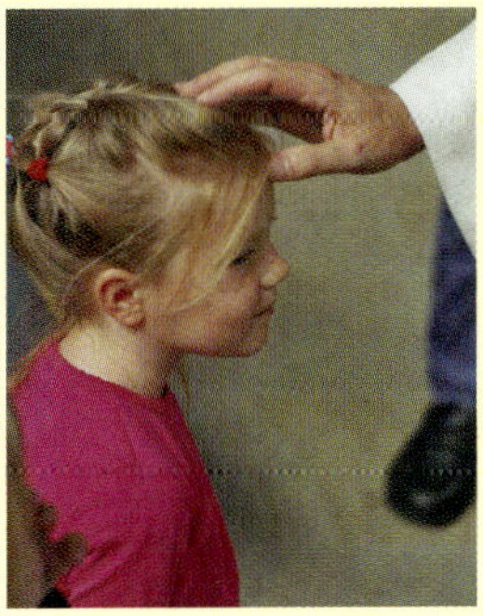

Sendung

Segen

Entlassung

Auszug

Lieder

Aus den Dörfern und aus Städten

Text: Eugen Eckert
Musik: Alejandro Veciana
Chorsatz: Rudolf Schäfer

2. Und so kamen sie in Scharen, brachten ihre Kinder mit,
ihre Kranken, auch die Alten, selbst die Lahmen hielten Schritt.
Von der Straße, aus der Gosse kamen Menschen ohne Zahl,
und sie hungerten nach Liebe und nach Gottes Freudenmahl: Kv

3. Und dort lernten sie zu teilen, Brot und Wein und Geld und Zeit;
und dort lernten sie zu heilen, Kranke, Wunden, Schmerz und Leid;
und dort lernten sie zu beten, dass dein Wille, Gott, geschehe;
und sie lernten, so zu leben, dass das Leben nicht vergehe: Kv

4. Aus den Dörfern und aus Städten, von ganz nah und auch von fern,
mal gespannt, mal eher skeptisch, manche zögernd, viele gern,
folgen wir den Spuren Jesu, folgen wir dem, der uns rief,
und wir werden selbst zu Boten, dass der Ruf noch gilt, der lief: Kv

Bist du groß oder bist du klein

Text: Johannes Kleiner
Musik: Ralph Glöckner, Johannes Kleiner

Danket dem Herrn

Text und Musik: 18. Jh.

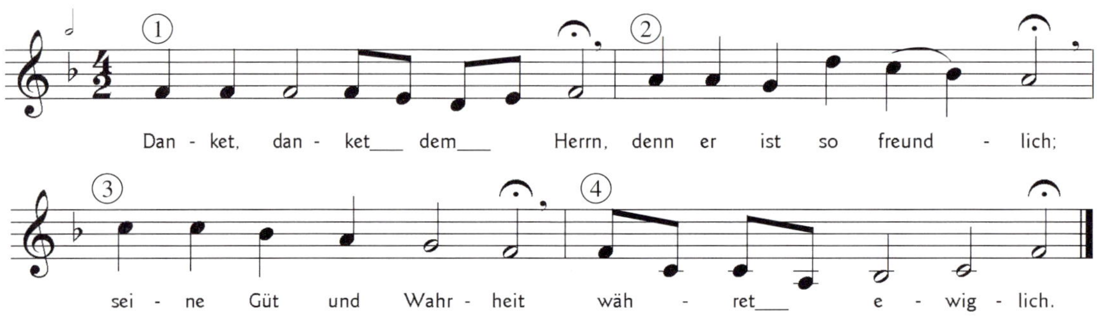

Der Himmel geht über allen auf

Text: Wilhelm Willms
Musik: Peter Janssens

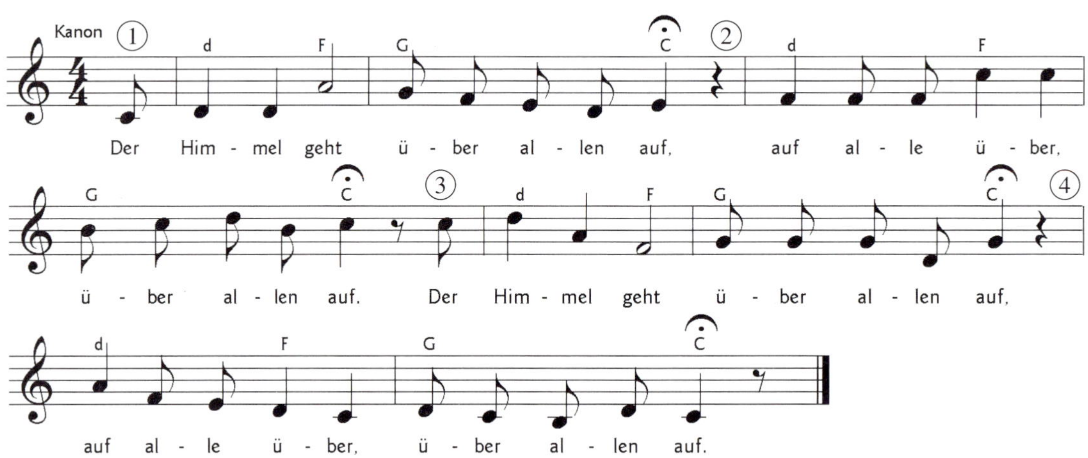

Dieses kleine Stück Brot

Text und Musik:
Chris Herbring

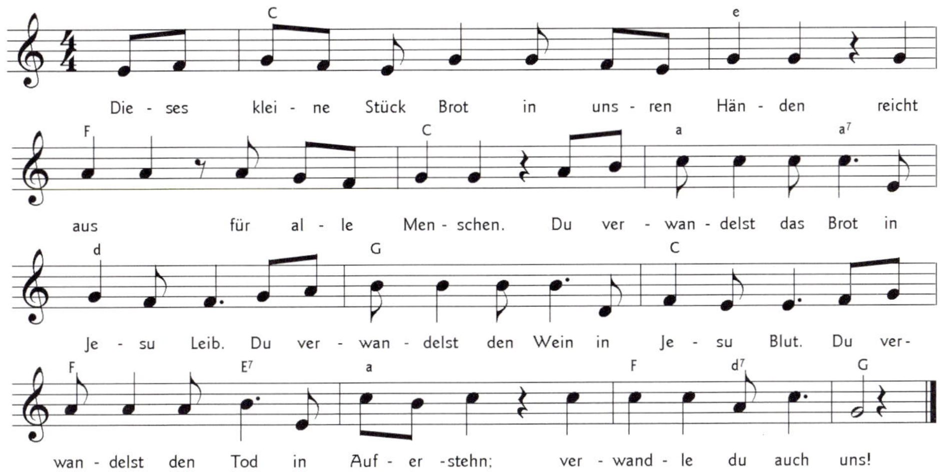

2. Dieser kleine Schluck Wein in unsren Bechern
gibt Kraft für alle Menschen.
Du verwandelst das Brot ...

3. Jede Hoffnung, die lebt in unsren Herzen,
ist Hoffnung für diese Welt.
Du verwandelst das Brot …

Du bist das Licht, das den Weg erhellt

Text und Musik: Elisabeth Färber

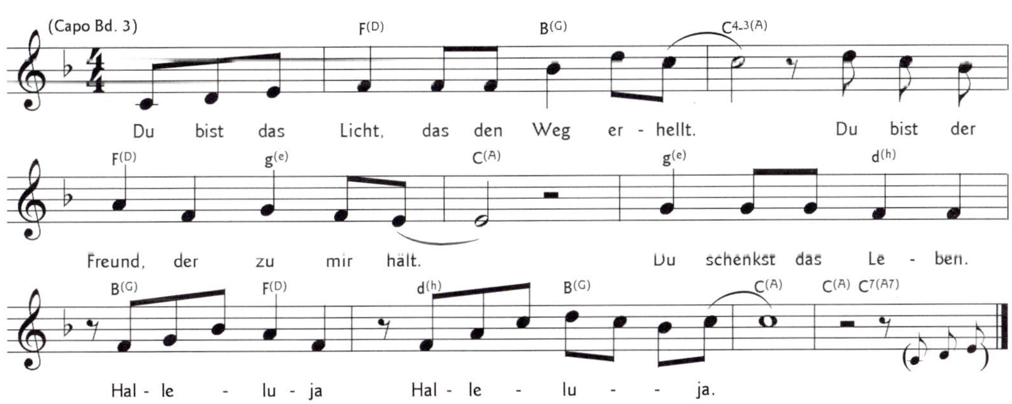

2. Du brichst das Brot, du schenkst den Wein, denn Brot und Wein sollen Zeichen sein.
Du gibst dein Leben für viele Menschen. Halleluja.
3. Wir feiern Mahl mit Brot und Wein. Wir wollen deine Freunde sein.
Schenk deinen Frieden allen Menschen. Halleluja.
4. Wir danken dir für's täglich Brot. Wir bitten dich für alle in Not.
Stärke die Freundschaft zwischen den Menschen. Segne die ganze Welt.

Ein guter Freund hält fest zu dir

Text und Musik: Marcel Lehmann

2. Er teilt mit dir sein Pausenbrot.
Er steht dir bei, bist du in Not.
Er leiht dir auch sein tolles Rad.
Er hält dich fest am steilen Pfad.

3. Er trägt mit dir so manche Last.
Er sagt, was ihm an dir nicht passt.
Er kommt zu dir nach einem Streit.
Er kann auch sagen: „Tut mir leid!"

Geh mit uns

Text: Norbert Weidinger
Musik: Ludger Edelkötter

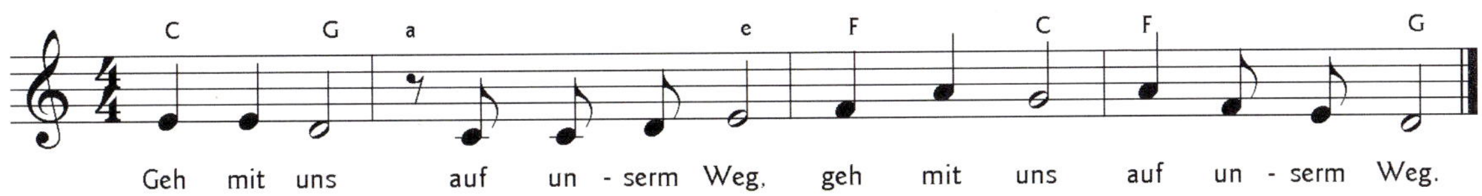

Gott, dafür will ich dir Danke sagen

Text: Rolf Krenzer
Musik: Ludger Edelkötter

Gott, dein guter Segen

Text: Reinhard Bäcker
Melodie: Detlev Jöcker

2. Gott, dein guter Segen ist wie ein helles Licht,
leuchtet weit, allezeit in der Finsternis.
Guter Gott, ich bitte dich:
Leuchte und erhelle mich.
Lass mich unter deinem Segen
leben und ihn weitergeben.
Bleibe bei uns allezeit,
segne uns, segne uns, denn der Weg ist weit.

3. Gott dein guter Segen ist wie des Freundes Hand,
die mich hält, die mich führt
in ein weites Land.
Guter Gott, ich bitte dich:
Führe und begleite mich.
Lass mich unter deinem Segen
leben und ihn weitergeben.
Bleibe bei uns allezeit,
segne uns, segne uns, denn der Weg ist weit.

4. Gott, dein guter Segen ist wie der sanfte Wind,
der mich hebt, der mich trägt
wie ein kleines Kind.
Guter Gott, ich bitte dich:
Stärke und erquicke mich.
Lass mich unter deinem Segen
leben und ihn weitergeben.
Bleibe bei uns allezeit,
segne uns, segne uns, denn der Weg ist weit.

5. Gott, dein guter Segen ist wie ein weiches Nest.
Danke Gott, weil du mich
heute leben lässt.
Guter Gott, ich danke dir.
Deinen Segen schenkst du mir.
Und ich kann in deinem Segen
leben und ihn weitergeben.
Du bleibst bei uns allezeit,
segnest uns, segnest uns, denn der Weg ist weit.

Gott gab uns Atem

Text: Eckart Bücken
Musik: Fritz Baltruweit

2. Gott gab uns Ohren, damit wir hören. / Er gab uns Worte, dass wir versteh'n. /
I: Gott will nicht diese Erde zerstören. / Er schuf sie gut, er schuf sie schön. :I

3. Gott gab uns Hände, damit wir handeln. / Er gab uns Füße, dass wir fest steh'n. /
I:Gott will mit uns die Erde verwandeln. / Wir können neu ins Leben geh'n. :I

Halte zu mir, guter Gott

Text: Rolf Krenzer
Musik: Ludger Edelkötter

2. Du bist jederzeit bei mir.
Wo ich geh und steh,
spür ich, wenn ich leise bin,
dich in meiner Näh.
Halte zu mir, guter Gott,
heut den ganzen Tag.
Halt die Hände über mich,
was auch kommen mag.

3. Gibt es Ärger oder Streit
und noch mehr Verdruss,
weiß ich doch, du bist nicht weit,
wenn ich weinen muss.
Halte zu mir, guter Gott,
heut den ganzen Tag.
Halt die Hände über mich,
was auch kommen mag.

4. Meine Freude, meinen Dank,
alles sag ich dir.
Du hältst zu mir, guter Gott,
spür ich tief in mir.
Halte zu mir, guter Gott,
heut den ganzen Tag.
Halt die Hände über mich,
was auch kommen mag.

Herr, wir bringen in Brot und Wein

Text: Hans Bernhard Meyer
Musik: Peter Janssens

Ich bin das Brot

Text: Clemens Bittlinger
Musik: David Plüss

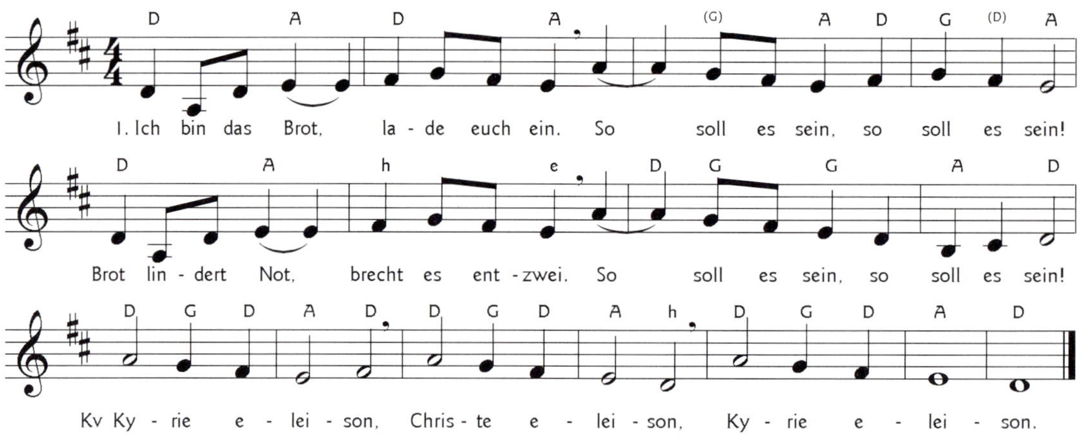

2. Ich bin die Quelle, schenk mich im Wein. So soll es sein, so soll es sein!
Schöpft aus der Fülle, schenkt allen ein. So soll es sein, so soll es sein!
3. Nehmt hin das Brot, trinkt von dem Wein. So soll es sein, so soll es sein!
So ihr das tut, will ich bei euch sein. So soll es sein, so soll es sein!

Lobe den Herren, meine Seele

Text: nach Psalm 103 / Melodie: Norbert Kissel

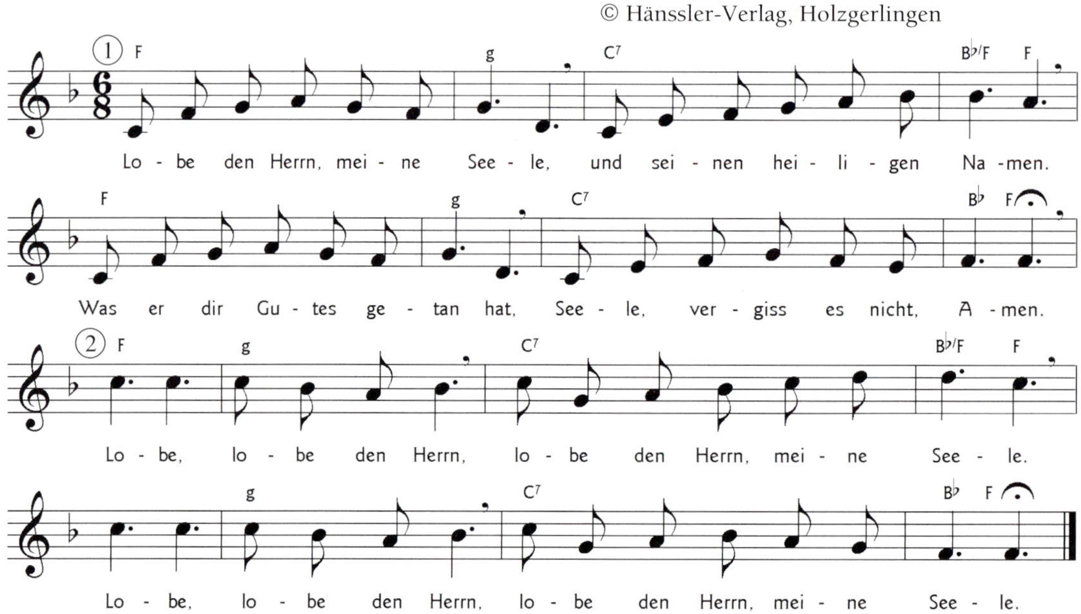

Meine engen Grenzen

Text: Eugen Eckert
Musik: Winfried Heurich

2. Meine ganze Ohnmacht, / was mich beugt und lähmt bringe ich vor dich.
   :/ Wandle sie in Stärke; / Herr, erbarme dich. :/
3. Mein verlornes Zutraun, meine Ängstlichkeit bringe ich vor dich. /
   :/ Wandle sie in Wärme; / Herr, erbarme dich. :/
4. Meine tiefe Sehnsucht nach Geborgenheit bringe ich vor dich.
   :/ Wandle sie in Heimat; / Herr, erbarme dich. :I

Mögen sich die Wege

Text: Irischer Segenswunsch, dt: mündl. überliefert
Musik: Günter Schwarze

2. Möge warm die Sonne auch dein Gesicht bescheinen,
   Regen sanft auf deine Felder fallen, und bis wir uns ...

Ob ich sitze oder stehe, ob ich liege oder gehe

Text: Eugen Eckert
Musik: Rorsten Hampel

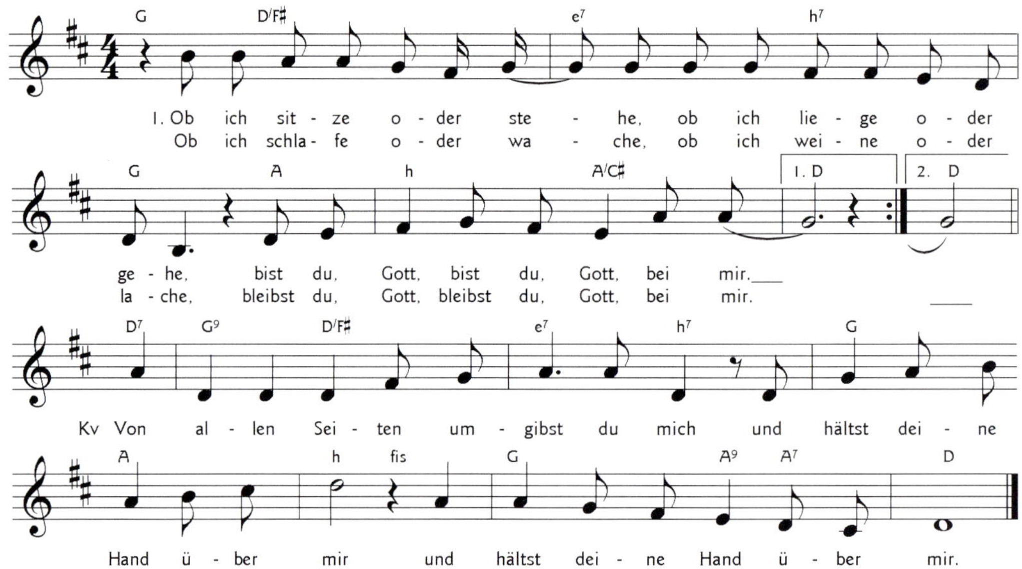

2. Dass ich wachse, blühe, reife, dass ich lerne und begreife,
bist du, Gott, bist du, Gott, bei mir.
Dass ich finde, wenn ich suche,
dass ich segne, nicht verfluche, bleibst du, Gott, bleibst du, Gott, bei mir. Kv

3. Wo ich sitze oder stehe, wo ich liege oder gehe,
bist du, Gott, bist du, Gott, bei mir.
Dass ich dein bin, nicht verderbe,
ob ich lebe oder sterbe,
bleibst du, Gott, bleibst du, Gott, bei mir. Kv

Preiset den Herrn

Text: Friedrich Dörr 1969
Musik: Kempten um 1000

2. Sein Wort ist Licht auf unserm Weg.
3. Wir sind getauft zu einem Leib.
4. Er wirkt in uns durch seinen Geist.
5. In seinem Mahl gibt er uns Kraft.
6. Er sendet uns in diese Welt.

Seht, Brot und Wein

Text: Eugen Eckert 1999
Musik: Peter Reulein 1999

2. Schmeckt Brot und Wein, Früchte der Arbeit für Stadt und Land.
Säen und pflanzen, ernten und tanzen, kostbare Zeichen aus
Gottes Hand, kostbare Zeichen aus Gottes Hand.

3. Teilt Brot und Wein, Früchte zum Segen für diese Welt.
Nehmen und geben, lieben und leben, kostbare Zeichen, wie
Gott uns hält, kostbare Zeichen, wie Gott uns hält.

So teilen wir das Brot

Text: Rolf Krenzer
Musik: Peter Janssens

2. Doch spät am Abend ist's ein Kind,
das laut vor Hunger schreit.
Da merken all die Leute: Es
ist längst schon Essenszeit!
Sie haben Jesus zugehört
und alles sonst vergessen.
Sie fragen, weil sie hungrig sind:
„Habt ihr etwas zu essen?"

3. Die Jünger gehn zu Jesus hin
und sagen voller Not:
»Wir haben nur zwei Fische hier,
dazu fünf Laibe Brot!"
Doch Jesus sagt: »Wir dürfen Gott
zu danken nicht vergessen!"
Er bricht das Brot und dankt und lädt
dann alle ein zum Essen.

4. So teilt er Brot und Fische aus,
bis jeder etwas hat.
Weil jeder mit dem andern teilt,
drum werden alle satt.
Wenn einer mit dem andern teilt,
wird keiner mehr vergessen,
weil dann die Not ein Ende hat,
hat jedermann zu essen.

So wollen wir beten (Vater unser)

Text und Musik:
Alexander Bayer

Viele kleine Leute

Text: Nach einem afrikanischen Sprichwort
Musik: Detlev Jöcker

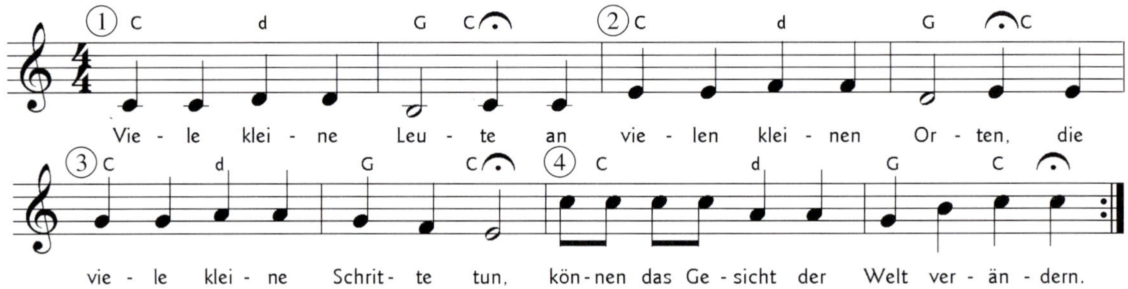

Wechselnde Pfade

Text: Baltischer Hausspruch
Musik: unbekannt

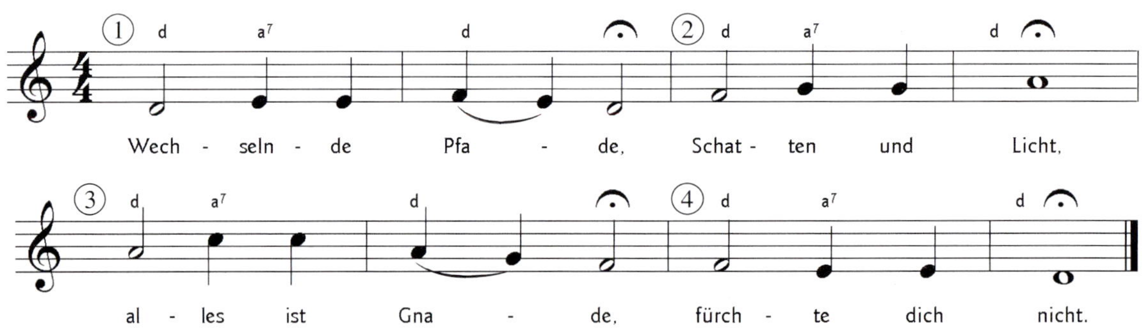

Wenn einer sagt, ich mag dich

Text und Musik: Andreas Ebert

2. Wenn einer sagt: „Ich brauch dich, du; ich schaff es nicht allein."
   Dann kribbelt es in meinem Bauch, ich fühl mich nicht mehr klein.
3. Wenn einer sagt: „Komm geh mit mir; zusammen sind wir was!"
   dann werd ich rot, weil ich mich freu, dann macht das Leben Spaß.
4. Gott sagt zu dir: „Ich hab dich lieb. Ich wär so gern dein Freund!
   Und das, was du allein nicht schaffst, das schaffen wir vereint."

Wo zwei oder drei

Text: Liturgie / Musik: Kommunität Gnadenthal

Quellenverzeichnis

Texte:

S. 24: Glaubensbekenntnis: Gotteslob 2 (5) - S. 40, 64: Hermine König, in: Was ich dir sagen will. Kösel-Verlag in der Verlagsgruppe Random House, München 1992, S. 96 und 113 - S. 48: Vaterunser: Gotteslob 2 (4)

Alle Bibeltexte in: Rainer Oberthür, Die Bibel für Kinder und alle im Haus, München [4]2006. Die Texte auf S. 10: Jesus wird zum Tempel gebracht und Gott gezeigt, und auf S. 38: Psalm 139, hat R. Oberthür eigens für dieses Erstkommunion-Kinderbuch übertragen; sie finden sich nicht in der Bibel für Kinder.

Bilder:

S. 10 u.: Elisabeth Färber, Tübingen - S. 11: Ulrike Schneiders, Breitbrunn - S. 14, 25, 46, 52 u. l., o. r., u., 65 o. r., 74: KNA, Bonn - S. 20, 39: Hans-Werner Kulinna, Paderborn - S. 21: Anita Hofbauer, Rotthalmünster - S. 23 u, 52 m. l., 52 o. l., 64 o. l., 65 o. l., 65 m. r.: Claudia Hofrichter, Rottenburg-Ergenzingen - S. 36, S. 37, S 45 o.r.: Unsere Zehn Gebote. Eine Produktion der Kinderfilm GmbH in Koproduktion mit MDR, SWR und BR 2005/2006. für den KI.KA. mit Unterstützung der EKD und der Telluxgruppe.www.unsere-zehn-gebote.de. UNSERE ZEHN GEBOTE ist als DVD edukativ im Vertrieb von Matthias-Film gGmbH und kfw erhältlich. Foto: Kinderfilm GmbH (Anke Neugebauer) - S. 44: Konrad Schaupp, Jettingen - S. 44 u.: AOK-Mediendienst, Bonn - S. 44: Heidi Velten, Leutkirch-Ausnang - S. 45: Sybille Wanders, Köln - S. 46 (zwei betende Mädchen am Tisch): Karin Wintterle, Erdmannshausen - S. 52 m. r.: Getty Images, München - S. 64 o. r.: Missio, Aachen S. 64: privat S. 74 u. l.: Monika Rulf, Hamburg

Alle Illustrationen: Inge Neef, Ergenzingen.
Alle Fotos aus der Liturgie © Petra Gieseler, Bondorf.

Lieder:

S. 6 und 86 Halte zu mir, guter Gott - T: © Rolf Krenzer / M: © Ludger Edelkötter, KiMu Kinder Musik Verlag, Essen - S. 7 Herr, bleibe bei uns T: Lukas 24,29. Kanon für 3 Stimmen: Albert Thate, 1935 © Bärenreiter-Verlag, Kassel - S. 12 Herr, erbarme dich T: Alois Albrecht/ M: Peter Janssens In: Ein Halleluja für dich, 1973 © Peter Janssens Musik Verlag, Telgte-Westfalen - S. 31 Ich denke an dich T/M: Franz Kett, in: Religionspädagogische Praxis, Handreichung für elementare Religionspädagogik, Jg. 1988, Nr. III, S. 31, »Himmel und Erde freuen sich« © RPA-Verlag, Landshut - S. 54 Herr wir bringen in Brot und Wein T: Hans Bernhard Meyer/ M: Peter Janssens In: Gute Nachricht für alle Völker, 1970 © Peter Janssens Musik Verlag, Telgte-Westfalen - S. 63 Wir preisen deinen Tod T: Christiane Gaud Ü: Diethard Zils © Für die deutsche Übersetzung tvd-Verlag, Düsseldorf - S. 78 Eingeladen zum Fest des Glaubens (Aus den Dörfern und aus Städten) T: Eugen Eckert / M: Alejandro Veciana © Strube Verlag, München-Berlin - S. 79 Bist du groß oder bist du klein Dt. T: Ralph Glöckner, Johannes Kleiner/M: überliefert Originaltext: If You're Black Or If You're White (Text und Melodie überliefert) © (Dt. Text) Hänssler-Verlag, Holzgerlingen - S. 80 Danket, danket dem Herrn T und M: 18. Jh. Der Himmel geht über allen auf T: Wilhelm Willms / M: Peter Janssens In: Ave Eva, 1974 © Peter Janssens Musik Verlag, Telgte-Westfalen - S. 81 Dieses kleine Stück Brot T/M: Chris Herbring © Christian Herbring Musik, Mönchengladbach, Du bist das Licht T/M: Elisabeth Färber, Tübingen - S. 82 Ein guter Freund hält fest zu dir T/M: Marcel Lehmann, Hohberg - S. 83 Geh mit uns auf unserm Weg T: Norbert Weidinger/M: Ludger Edelkötter © KiMu Kinder Musik Verlag, Essen Gott, dafür will ich dir danke sagen T: © Rolf Krenzer / M: © Ludger Edelkötter, KiMu Kinder Musik Verlag, Essen - S. 84 Gott, dein guter Segen T: Reinhard Bäcker / M: Detlev Jöcker In: Liederbuch zum Umhängen Nr. 1 © Menschenkinder Verlag, Münster - S. 85 Gott gab uns Atem T: Eckart Bücken © Strube Verlag, München-Berlin M: Fritz Baltruweit © tvd-Verlag, Düsseldorf In: Es sind doch deine Kinder, 1983 - S. 86 Halte zu mir, guter Gott T: © Rolf Krenzer / M: © Ludger Edelkötter, KiMu Kinder Musik Verlag, Essen - S. 87 Herr, wir bringen in Brot und Wein T: Hans Bernhard Meyer / M: Peter Janssens In: Gute Nachricht für alle Völker, 1970 © Peter Janssens Musik Verlag, Telgte-Westfalen - S. 88 Ich bin das Brot T: Clemens Bittlinger / M: David Plüss © Sanna Sound, Klein-Winterheim Lobe den Herrn, meine Seele T: nach Psalm 103 / M: Norbert Kissel © 1991 Hänssler Verlag, Holzgerlingen S. 89 Meine engen Grenzen T: Eugen Eckert / M: Winfried Heurich In: Lieder der Hoffnung und des Glaubens © Lahn-Verlag, Limburg-Kevelaer Mögen sich die Wege T: Irischer Segenswunsch, dt.: mündlich überliefert / M: Günter Schwarze © Strube Verlag, München-Berlin - S. 90 Ob ich sitze oder stehe T: Eugen Eckert / M: Torsten Hampel © Gruppe Habakuk, Frankfurt Preiset den Herrn T: Friedrich Dörr, 1969 / M: Kempten um 1000 oder Fünfzig Gesänge für Kinder, M: H. Rohr - S. 91 Seht, Brot und Wein T: Eugen Eckert / M: Peter Reulein © Strube-Verlag, München-Berlin - S. 92 So teilen wir das Brot T: Rolf Krenzer / M: Peter Janssens In: Von Jesus will ich singen, 1987 © Peter Janssens Musik Verlag, Telgte-Westfalen S. 93 So wollen wir beten (Vater unser) T/M: Alexander Bayer - © Ensemble Entzücklika, Obermarchtal - S. 94 Viele kleine Leute T: Afrikanisches Sprichwort / M: Detlev Jöcker In: Liederbuch zum Umhängen Nr. 1 © Menschenkinder Verlag, Münster Wechselnde Pfade T: Baltischer Hausspruch/M: unbekannt - S. 95 Wenn einer sagt, ich mag dich, du (Kindermutmachlied) T/M: Andreas Ebert © 1979 Hänssler-Verlag, Holzgerlingen Wo zwei oder drei in meinem Namen versammelt sind T: Liturgie (Mt 18,20) / M: Kommunität Gnadenthal © Präsenz-Verlag, Gnadenthal